AF383207

MANAGEMENT BY OBJECTIVES

So erreicht Ihr Team seine volle Leistung

Verfasst von Renaud de Harlez
In Zusammenarbeit mit Anne-Christine Cadiat
Übersetzt von Mareike Lobeck

Business 50MINUTEN.de

MANAGEMENT BY OBJECTIVES

SCHLÜSSELINFORMATIONEN

- **Bezeichnung:** Management by Objectives, MbO
- **Anwendungsbereiche:** Das Modell wird in der Unternehmenswelt von Führungskräften der Bereiche Personalwesen, Vertrieb, operatives Management und Projektmanagement sowie von internen und externen Beratern etc. verwendet. Es ermöglicht
  - Managern, präzise Leistungsziele für die im Unternehmen auszuführenden Aufgaben festzulegen, die Ergebnisse zu analysieren und dementsprechende Boni zu vergeben.
  - Mitarbeitern, sich selbst Leistungsziele zu setzen.
- **Warum ist es so gut?** Diese Management-Form gibt einen festen Rahmen vor, anhand dessen Manager mit ihren Angestellten verhandeln, eine einzuschlagende Richtung festlegen und Ziele setzen können. Sie schafft Klarheit auf allen Hierarchie-Ebenen des Unternehmens.

Außerdem erbringen Mitarbeiter, denen (mit deren Einwilligung) anspruchsvollere Ziele gesetzt werden, immer mehr Leistung als Mitarbeiter, deren Ziele einfacher zu erreichen sind.

- **Schlüsselwörter:**
  - <u>Management</u>: Leitung, Koordination und Planung einer Tätigkeit oder eines Unternehmens(-bereichs)
  - <u>Ziel</u>: mithilfe bestimmter Maßnahmen zu erreichende Idealsituation
  - <u>Führungstechnik</u>: Methoden, Instrumente, Verhaltens- und Verfahrensweisen zur Strukturierung und Realisierung von Führungsaufgaben

EINLEITUNG

Das Management by Objectives (MbO, auf Deutsch *Führen durch Zielvereinbarung*) entsteht in einer Zeit des wirtschaftlichen Wachstums. In den 1950er Jahren expandieren und dezentralisieren sich zahlreiche amerikanische Unternehmen, die bis dahin eine kaum vorhandene Unternehmensstruktur besaßen. Diese muss nun vor dem Hintergrund der Veränderung überarbeitet werden.

Die Vorgehensweise des MbO wurde von dem österreichisch-amerikanischen, auf Management spezialisierten Ökonom Peter F. Drucker (1909-2005) entwickelt, als er Unternehmensstrukturen wie die von *General Motors* untersucht. 1954 erscheint *The Practice of Management*[1], wo im Kapitel *Management by Objectives and Self Control* (Management by Objectives und Selbstkontrolle) die Technik erstmals definiert wird. 15 Jahre später wird sie von dem britischen Berater John Humble um seine Methode des MbO ergänzt.

Der französische Ökonom Octave Gélinier (1916-2004) entwickelt schließlich eine eigene Form des MbO: die *Direction Participative Par Objectifs* (DPPO, auf Deutsch *partizipative Führung durch Zielvereinbarungen*). Sie setzt sich aus drei Bestandteilen zusammen: Ziele, Struktur und partizipative Prozesse. Das MbO wird so zu einem System, das nicht nur die Unternehmensstruktur sondern das gesamte Management beschreibt.

---

1. Die deutsche Ausgabe erschien 1956 im Econ-Verlag unter dem Titel *Die Praxis des Management*.

Definition

Management by Objectives (MbO) bezeichnet den Prozess, durch den Vorgesetzte und ihre Mitarbeiter Ziele definieren und die Mittel und Zeiträume aushandeln, die zum Erreichen dieser Ziele notwendig sind.

Das MbO dient Managern als Instrument, mit dem der Rahmen für Verhandlungen mit Mitarbeitern festgelegt werden kann. Es wird eingesetzt, um die Leistung eines Unternehmens zu steigern, indem ein gemeinsames Ziel in spezifische, klare Ziele sowohl für Unternehmensbereiche als auch für einzelne Mitarbeiter unterteilt wird. Die Ergebnisse werden regelmäßig analysiert und dementsprechend in Form von Boni honoriert. Das MbO ist die einzige Management-Methode, die tatsächlich Verantwortung an die Angestellten überträgt. Es ermöglicht diesen so, selbst für ihre Arbeit verantwortlich zu sein und sie nach ihren eigenen Vorstellungen zu organisieren. Da die Angestellten die Ziele mit vereinbart haben, sind sie zudem motivierter und achten darauf, ihre Mission(en) zu erfüllen.

MANAGEMENT BY OBJECTIVES IN DER THEORIE

ANWENDER

Von Managern bis zur Geschäftsführung – in verschiedenen Bereichen des Managements, vom Marketing über Produktion und Personalwesen bis zu Finanzen – können alle Vorgesetzten die Management-by-Objectives-Technik in ihrem Organisationsbereich anwenden. Wie schon in der Einleitung erwähnt, bezeichnet MbO einen Prozess, durch den Vorgesetzte und ihre Mitarbeiter gemeinsam Ziele definieren und die Mittel und Zeitspannen verhandeln, die zum Erreichen dieser Ziele benötigt werden.

Zwar ist das MbO durch die Werke von Peter F. Drucker bekannt geworden, je nach Autor und dessen jeweiligem MbO-Konzept gibt es aber sehr unterschiedliche Anwendungsarten. Dabei kann zwischen zwei Ansätzen unterschieden werden:

- Der MbO-Ansatz kann „technokratisch" sein und sich dabei auf **finanzielle Ziele** konzentrieren. Die ganze Aufmerksamkeit richtet sich in diesem Fall auf Umsatz, Kosten oder ein einzuhaltendes Budget. Jede Abteilung setzt sich bestimmte Zahlenwerte zum Ziel. Wird eines dieser Ziele nicht erreicht, übernehmen die Vorgesetzten die Verantwortung – denn in diesem speziellen Fall wird das MbO zwischen Unternehmensführung und Managern angewandt –, die zuvor gesteckten Ziele bleiben dabei jedoch bestehen. Diese werden beispielsweise gleichzeitig mit dem Budget festgelegt: Jeder Abteilung werden genau definierte Ziel zugeteilt, wonach sie nach einem festgelegten Zeitraum bewertet wird (zum Beispiel jedes Trimester).
- Der zweite MbO-Ansatz konzentriert sich auf **Management-Beziehungen**. So sind regelmäßige Gespräche zwischen Managern und Mitarbeitern vorgesehen. Hierbei werden jedoch weder Ziele gesetzt noch Bilanz gezogen – anhand dieser Kriterien soll lediglich die Arbeit zwischen Managern und Mitarbeitern bewertet werden. Das MbO wird in diesem Fall von der Personalabteilung eingesetzt,

die keine genauen Zielvorgaben definiert. Bei den gemeinsam organisierten Gesprächen werden je nach Stärken und Schwächen der Mitarbeiter individuelle Ziele vereinbart, die jedoch nicht – wie beim ersten Ansatz – durch die allgemeine Unternehmensstrategie für alle bindend vorgegeben sind. Alles basiert auf gegenseitigem Dialog.

WELCHEN MBO-ANSATZ WÄHLEN?

Sollten finanzielle Planung oder Management-Beziehungen vorgezogen werden? Die beiden Ansätze sind zwar nicht inkompatibel, sie gleichzeitig zu verwenden ist jedoch schwierig. Das MbO wird vor allem von Akteuren (Managern, Geschäftsführung) eingesetzt – und diese müssen sich zwischen den beiden MbO-Ansätzen entscheiden.

Zielvereinbarung

Die Zielvereinbarung des MbO beinhaltet die folgenden Schritte:

- A) Bestätigung der jeweiligen Ziele
- B) partizipative Entscheidungsfindung

- C) von Beginn an genau benannter Zeitraum für die Anwendung
- D) Bewertung (Feedback) der erbrachten Leistungen

Als Beispiel diene an dieser Stelle ein Unternehmen, das seinen Tätigkeitsbereich ausdehnen möchte:

- Um diese Vorgabe zu erfüllen, müssen spezifische, genau definierte Ziele gesetzt werden (A). Bei einem Flughafen könnte in der Zielvereinbarung beispielsweise festgelegt werden, dass im Laufe des Jahres die Kundenanzahl um 3,5 % steigen und die Anzahl der Flugsteige von 12 auf 14 angehoben werden soll. Zudem soll der Frachtbetrieb des Flughafens durch den Kauf von zwei neuen Gebäuden und die Modernisierung von fünf älteren Flugzeugen wieder aufgenommen werden.
- Die Entscheidungsfindung soll partizipativ sein (B). Die Manager der verschiedenen Flughafenabteilungen entscheiden gemeinsam über die zu erreichenden Ziele und die dazu vorgesehenen Zeiträume.
- Nach Einschätzung der Manager werden drei Jahre benötigt, um die zuvor gesetzten Ziele

zu erreichen. Die Anwendungszeit wird so im Vorfeld festgelegt (C).

- Für diese Zielvereinbarung ist eine Bewertung (D) der letztendlichen Leistungen im Vergleich zur ursprünglichen Zielsetzung nötig. Die Geschäftsführer des Flughafens organisieren Besprechungen mit ihren Managern, diese wiederum treffen sich mit den Mitarbeitern ihrer Abteilungen. Es wird jedoch nicht nur nach Ablauf der gesetzten Frist zur Zielerreichung Bilanz gezogen. Manager und Mitarbeiter sollten vielmehr regelmäßig genau definierte Ziele erhalten, um so ihre Tätigkeiten messen und überprüfen zu können. Bewertungsgespräche werden geführt, um den Fortschritt zu analysieren und dazu die Meinung der Vorgesetzten und Angestellten einzuholen. Bei diesen Feedback-Gespräche können auch Boni vergeben werden.

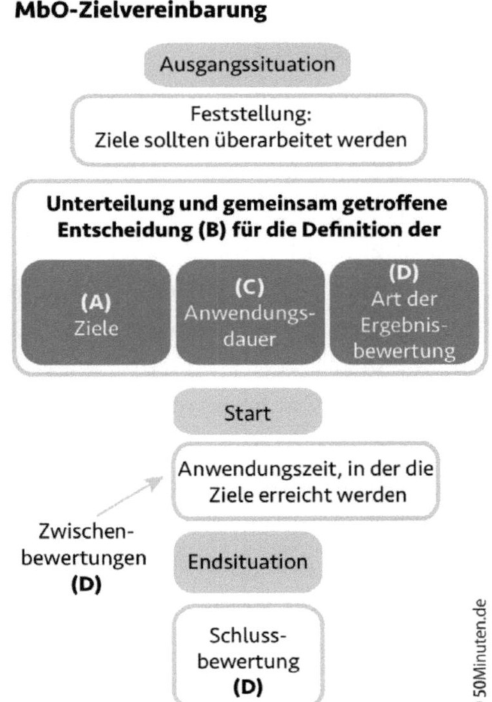

IST DAS SYSTEM WIRKLICH ERFOLGREICH?

Diese Frage ist nicht leicht zu beantworten. In den verschiedenen Werken zu diesem Thema werden die unterschiedlichsten Meinungen vertreten.

Der Großteil kommt jedoch in der folgenden Feststellung überein: Die Anwendung des MbO kann sich unter gewissen Voraussetzungen positiv auf die Leistung der Mitarbeiter auswirken.

Die Mitarbeiter müssen die angestrebten Ziele akzeptieren. Wird diese Voraussetzung erfüllt, führen höher gesteckte Ziele immer zu mehr Leistung als bei Mitarbeitern, denen weniger herausfordernde Ziele gesteckt wurden. Selbst wenn Mitarbeiter ihre akzeptierten Ziele nicht vollständig erfüllen, erbringen sie dennoch häufig mehr Leistung. Für ein solches Ergebnis müssen drei Faktoren beachtet werden:

- **Notwendigkeit von Feedback:** Zur Verbesserung der Leistung muss der jeweiligen Person zu gegebener Zeit konstruktives Feedback gegeben werden. So können die Anstrengungen eines Mitarbeiters anerkannt und gemessen werden, und ein – zu hoher oder zu niedriger – Schwierigkeitsgrad der Ziele lässt sich gegebenenfalls anpassen.
- **Mitsprache:** Werden Ziele, die in Absprache mit den betroffenen Personen festgelegt wurden, eher erfüllt als von der Geschäftsführung vorgegebene? Überraschenderweise zeigen

Studien, dass sich die beiden Fälle nicht voneinander unterscheiden. Unabhängig davon, ob sie abgesprochen oder vorgeschrieben wurden, haben die Ziele eine ähnliche Realisierungsrate. In diesem Punkt spielt die Mitsprache also keine wesentliche Rolle. Die Hauptsache ist, dass die Mitarbeiter die festgelegten Ziele akzeptieren und nicht, dass sie bei der Definition mitwirken. Dennoch ermöglicht eine gemeinsame Zielfestlegung den Mitarbeitern, sich selbst herauszufordern und sich eventuell sogar Ziele zu stecken, die höher sind als von der Geschäftsführung vorgesehen.

- **Einbindung der Geschäftsführung:** Ebenso ist es wichtig, die Geschäftsführung mit in den Prozess einzubinden, damit den Abteilungsleitern das notwendige Vertrauen zur Umsetzung der Zielvorgaben entgegengebracht wird.

PLATZ DER MITARBEITER IM MBO

Um die Leistung eines Unternehmens mithilfe des MbO zu steigern, muss das Personal also die gesteckten Ziele akzeptieren. Es ist außerdem unerlässlich, dass die einzelnen Abteilungsleiter die vorgesehenen Aufgaben genau erklären und an ihrer Umsetzung teilhaben. Eine der wichtigsten Führungsaufgaben ist Ziele zu setzen. Dazu müssen einige Schritte eingehalten werden.

Was ist zu tun?

Jedem Mitarbeiter werden Aufgaben und Ziele zugewiesen. Die Verteilung hängt beispielsweise von der Qualifikation des jeweiligen Mitarbeiters ab.

Zielvorgabe

Zunächst muss das Leistungsniveau eines Mitarbeiters für einen bestimmten Posten festgestellt werden. Anschließend werden das zu erreichende Ziel und der dafür vorgesehene Zeitraum festgelegt. Manager müssen hierzu eine realistische Frist für die Umsetzung ermitteln.

Den Mitarbeiter aktiv einbinden

Im vorigen Kapitel wurde zwar aufgezeigt, dass die von Mitarbeitern erbrachte Leistung nicht davon abhängt, ob die Ziele abgesprochen oder von der Geschäftsführung festgelegt wurden. Mitarbeiter in die Entscheidung miteinzubeziehen hat jedoch einen Vorteil: Die Zielvorgaben werden eher angenommen. Die Mitsprache sollte dabei ernst genommen werden. Wenn sich ein Manager schon die Mühe macht, sich mit seinen Mitarbeitern zu beraten, um Ziele festzulegen, sollte er auch deren Meinung berücksichtigen. Anderenfalls könnte dies die Leistung der Mitarbeiter beeinträchtigen.

Jedes Ziel wird gewichtet

Die gesetzten Ziele müssen gewichtet und nach Schwierigkeitsgrad und Dringlichkeit sortiert werden, um die Mitarbeiter zu motivieren, geordnet vorzugehen. Dadurch wird zum einen vermieden, dass sich gewisse Personen nur leichte Ziele herauspicken und die wichtigsten Punkte der Zielsetzung vernachlässigen. Zum anderen kann so festgestellt werden, welche Mitarbeiter sich die schwierigsten Aufgaben vornehmen (auch wenn die Ziele eventuell nicht vollständig erreicht werden).

Unerlässliches Feedback

Mitarbeiter und Vorgesetzte sollten in regelmäßigen Besprechungen die schon verrichtete

Arbeit bewerten. So erfahren die Mitarbeiter, ob ihre Arbeit den Anforderungen gerecht wird.

Belohnung

Im Gegenzug für ihre Mühen erwarten die Mitarbeiter natürlich eine Belohnung. Es sollte ihnen dabei deutlich kommuniziert werden, dass die Höhe eines solchen Bonus direkt mit der Anzahl erreichter Ziele zusammenhängt und nicht nur in aufgewendeten Stunden gemessen wird. Die Zufriedenheit der Mitarbeiter wird dadurch eher steigen.

MANAGEMENT BY OBJECTIVES: SCHWÄCHEN UND ERGÄNZUNGEN

SCHWÄCHEN UND KRITIK

- **Unsicherheit in der Branche:** In sehr instabilen Branchen sind dem Management by Objectives gewisse Grenzen gesetzt, da sich die Anwendung des Modells dort so stark verkompliziert, dass es quasi unbrauchbar wird. Beispielsweise für Bereiche im Zusammenhang mit Kreativität – Innovation, Forschung und Entwicklung, künstlerisches Schaffen etc. – ist das Modell eher ungeeignet, da es schwierig ist, hier präzise Ziele zu setzen. Ist es Forschern wirklich möglich, ihre Forschung an Zielen auszurichten? Betrachtet man die Art ihrer Arbeit, scheint das nicht sehr wahrscheinlich.
- **Entwicklung der Arbeitsstrukturen:** Unternehmen entfernen sich immer mehr

von traditionellen Organisationsstrukturen – Arbeitnehmer werden vielseitiger, sind bei ihren gesetzten Zielen immer stärker von anderen abhängig, mit mehreren Einheiten eines Organigramms verbunden etc. Dies erschwert das MbO, da Mitarbeiter mehr als einem Manager zugeordnet sind – es gibt also mehr als eine hierarchische Verbindung, und Ziele werden nicht nur von einer Person festgelegt, wodurch die Verwendung des MbO wesentlich komplexer wird.

- **Entwicklung der Arbeitsumgebung:** Seit der Entstehung des MbO hat unsere Gesellschaft einige Veränderungen erlebt. Zu Beginn planten Manager noch langfristig, überzeugt von einer besseren Zukunft (so entstanden systematisch zu optimistische Pläne). Seitdem kam es zu mehreren Krisen (z. B. die Ölkrisen zu Beginn der 1970er, die Finanzkrise von 2009). Auch andere Entwicklungen (wie der technische Fortschritt) haben die bisherige Ordnung – und damit auch die Prognosen der Manager – ziemlich auf den Kopf gestellt, da im Voraus erstellte Pläne unter vollkommen veränderten Voraussetzungen plötzlich nicht mehr haltbar waren.

Neben den strukturellen Schwächen des Prozesses wird auch das MbO als solches kritisiert. Laut dem amerikanischen Physiker und Statistiker William Edwards Deming (1900-1993) wirkt sich die Anwendung des MbO negativ auf die Arbeit der betroffenen Mitarbeiter aus. Mitarbeiter würden versuchen, ihre Mission um jeden Preis zu erfüllen, ohne dabei auf Qualität zu achten. Andere Kritiker führen an, dass das MbO der Gruppenarbeit nicht unbedingt zuträglich ist, auch wenn es die individuelle Leistung steigern mag: Mitarbeiter laufen Gefahr, sich zu stark auf die ihnen persönlich zugeteilte Arbeit zu konzentrieren und dabei die allgemeinen Unternehmensziele aus den Augen zu verlieren.

In der Praxis können einige dieser Probleme behoben werden. Manager müssen dazu auf der Qualität der ausgeführten Arbeit bestehen. Ein Autoverkäufer sollte sich zum Beispiel nicht nur auf die Anzahl verkaufter Autos konzentrieren, sondern ebenso auf den Verkauf von Modellen der Spitzenklasse. Um Abweichungen zu vermeiden, müssen Vorgesetzte die Tätigkeiten kontinuierlich überwachen und Ziele überarbeiten, wenn diese an Gültigkeit verlieren.

ERGÄNZUNGEN UND VERWANDTE MODELLE

Die SMART-Methode

Hierbei handelt es sicher eher um eine Gedächtnisstütze als um eine wirkliche Erweiterung des MbO-Modells. Manager verwenden die SMART-Methode jedoch häufig im Rahmen eines erfolgreichen Projekt-Managements. Zudem kann sie in das Management by Objectives integriert werden. Zu jedem Ziel gehört eine Kennzahl, mit dessen Hilfe sowohl Leistungen von Einzelpersonen als auch die gemeinsam erbrachte Leistung gemessen werden können. Diese Leistungskennzahl muss spezifisch (**s**pecific), messbar (**m**easurable), ehrgeizig (**a**mbitious), realistisch (**r**ealistic) und terminiert (**t**ime-bound) – SMART – sein.

Management by Participation

Dieser Management-Ansatz steht im Widerspruch zur wissenschaftlichen Betrachtung von Arbeit und der dort eher beschränkten Auffassung des Menschen. Das Management by Participation baut auf der Annahme auf, dass

Angestellte nicht bloß ‚Werkzeuge', sondern Wesen mit Gefühlen sind. Außerdem ist ein Unternehmen ein Ort, an dem gesellschaftliche Repräsentation stattfindet. Die Theoretiker dieses Ansatzes betonen, dass es wichtig ist, „einen menschlichen Unternehmensaspekt" zu schaffen. So entstehen beispielsweise Mitbestimmungsgremien und Ideenkästen. Hinter dieser Entwicklung steht nichts anderes als die Tatsache, dass eine Führungskraft ihre Ziele wesentlich leichter erreichen kann, wenn sie das gesamte Team miteinbezieht. Zur Unterstützung dieser Struktur sollten Prinzipien des fairen Managements angewandt werden.

Fair Management

Faires Management gründet sich auf einem Gleichgewicht zwischen wirtschaftlicher Leistung und Respekt gegenüber den Mitarbeitern. Mit diesem Konzept soll eine Win-Win-Situation zwischen Vorgesetzten und Angestellten erreicht werden. Das Unternehmen versucht durch Anwendung dieser Management-Form und auf Grundlage einer klaren, angepassten, kohärenten und dynamischen Struktur, einen ehrgeizigen und sinnstiftenden Teamgeist zu entwickeln. Der größte Vorteil dieses Konzepts ist, dass sich dabei Energie und Talent des Teams frei entfalten können. Zwischenmenschliche Beziehungen basieren auf gegenseitigem Respekt und Wertschätzung – und nicht auf einem Hierarchieprinzip. Faires Management fördert ein proaktives, leistungsstarkes Change-Management und ein ethisches, verantwortungsbewusstes Verhalten.

Value Management

Diese Art des Managements wurde vor dem MbO entwickelt. In gewisser Hinsicht kann es als Theorie der Unternehmenskultur betrachtet werden. Dabei sollte bedacht werden, dass diese Management-Form nicht eingesetzt wird, um die Werte eines Unternehmens zu ändern, da es hier nicht um eine Veränderung der Unternehmenskultur geht. Im Gegenteil: Das Grundprinzip des Value Managements besteht darin, Unternehmenskultur zur Leistungssteigerung einzusetzen.

Kompetenzmanagement

Wie der Name schon sagt, baut diese Form des Unternehmens-Managements auf die

Kompetenzen der Mitarbeiter. Dabei geht es jedoch in erster Linie nicht darum, Kompetenzen zu managen oder zu entwickeln, sondern vielmehr darum, jeden Angestellten zu motivieren, bestimmte, bereits bestehende Kompetenzen zum Wohl des Unternehmens auszubauen. Ziel dieser Vorgehensweise ist, das Humankapital des Teams zu stärken – wozu eine sehr gute Personalverwaltung nötig ist – und die Kompetenzen aller Angestellten zum Wohl des Teams gewinnbringend einzusetzen.

MANAGEMENT BY OBJECTIVES IN DER PRAXIS

TIPPS UND BEST PRACTICES

Im Folgenden werden die Schritte beschrieben, die zur erfolgreichen Anwendung des Management by Objectives notwendig sind. Konkrete Anwendungsbeispiele veranschaulichen dabei jeden dieser Schritte.

Zielformulierung

Im ersten Schritt wird das konkret zu erreichende Ergebnis beschrieben. Zudem wird eine Bewertungsgrundlage festgelegt, anhand derer gemessen und überprüft werden kann, ob das ursprünglich vorgegebene Ziel erreicht wurde. Drei Fragen – wer, was und wann – unterstützen diese Überlegungen.

Beispiel:

- Wer? Online-Lieferservice für Essen
- Was? Kundenanzahl um 15 % vergrößern
- Bis wann? Innerhalb eines Jahres

Zielbeschreibung

Das zuvor genannte Ziel wird nun genauer beschrieben, vor allem für den Erfolg notwendige Handlungsschritte, Hilfsmittel und Unterstützungsmaßnahmen. Danach werden eine oder auch mehrere Personen ernannt, die für das Erreichen des Ziels/der Ziele verantwortlich sind, und Zwischenfristen festgelegt.

Beispiel: Um sein Ziel zu erreichen, beschließt der Online-Lieferservice im Internet Werbung zu schalten.

- Es wird eine Person ernannt, die für den Einkauf von Werbeflächen auf mehreren, Google unterstellten Seiten zuständig ist.
- Eine erste Ergebnisauswertung ist nach drei Monaten geplant.

Sechs Kriterien für die Genauigkeit des Plans

Bei der Zieldefinition ist es essentiell, die folgenden sechs Kriterien zu beachten:

- Lesbarkeit
- Gültigkeit
- Messbarkeit
- Frist
- Realisierbarkeit
- Zustimmung

Beispiel: Der Verantwortliche der Werbeabteilung des betrachteten Online-Lieferservices sollte sich die folgenden Fragen stellen:

- Ist das erwartete Ergebnis konkret, identifizierbar und verständlich oder lässt es Raum zur Interpretation?
- Nutzt es der Unternehmenspolitik? Steht es im Einklang mit anderen Entscheidungen?
- Enthält es Kennzahlen, anhand derer das Erreichen des Ziels überprüft werden kann?
- Endet die Frist mit einem genauen Datum, bis zu dem das Ziel erreicht werden soll? Wurden Fristen für jeden Handlungsschritt festgelegt?

- Sind die Zwischenschritte (Zielbeschreibung) präzise genug? Können sie von den Verantwortlichen umgesetzt werden?
- Sind die Personen, die für das Erreichen des Ziels verantwortlich sind, wirklich einverstanden?

Über die Vorgehensweise und die Messung der Ergebnisse kann überprüft werden, ob die genannten Kriterien eingehalten werden.

Nachdem sich der verantwortliche Manager alle Fragen gestellt hat, ruft er ein Teammeeting ein, um gemeinsam eine Entscheidung zu treffen. In dem genannten Beispiel findet diese Besprechung mit der gesamten Marketingabteilung statt. Alle Teilnehmer können ihre eigene Sichtweise zu dem erarbeiteten Plan äußern. Der Einfluss dieser Besprechungen sollte nicht unterschätzt werden, da der Manager, der sie organisiert und vorbereitet hat, echte Ergebnisse erwartet, die den vom Unternehmen erarbeiteten Plan vervollständigen können.

Feedback

Feedback sollte nicht erst nach Erreichen des Ziels gegeben werden. So kann im Rahmen von

Zwischengesprächen während des gesamten Prozesses erkannt werden, ob Ziele tatsächlich realisierbar sind. Diese werden je nach der Arbeitsbelastung, die ein Mitarbeiter übernehmen kann, gesetzt.

Beispiel: Es finden Zwischengespräche zwischen dem verantwortlichen Manager für das Werbeprojekt und den anderen Abteilungsleitern statt. Bei diesen Besprechungen kann unter anderem bewertet werden, ob die der Abteilung zugewiesenen Mittel ausreichen, um die gesetzten Ziele zu erreichen.

Boni

Wurde die Arbeit sehr gut ausgeführt, kann sie belohnt werden. Mitarbeitern, denen Ziele gesetzt wurden, sollte dabei bewusst sein, dass der Bonus in direktem Zusammenhang mit dem Erreichen des Ziels steht.

FALLSTUDIE

Die Anwendung des MbO (und von allgemeinen Management-Praktiken) wird im Folgenden anhand von zwei weltweit bekannten Unternehmen veranschaulicht. Dabei zeigt sich, dass die Ausprägung des MbO sehr stark davon abhängt, wie es jeweils im Unternehmen umgesetzt wird.

Apple

Zwischen 1997 und 2011, als Steve Jobs (1955-2011) *Apple* leitete, basierte seine Strategie bezüglich Unternehmensstruktur auf einer stark ausgeprägten Informationszentralisierung. Dabei erhält jeder seine Aufgaben von ein und derselben Person, die Informationen so weitergibt, wie sie es für richtig hält. Die Ziele des MbO werden also von einer einzigen Person festgelegt, die ihre Anforderungen an die einzelnen Manager übermittelt:

- Die Ziele der Manager, die direkt der Person an der Spitze der Hierarchiepyramide unterstehen, werden vom Vorgesetzten vorgeschrieben.
- Die Mitarbeiter befolgen die Anweisungen ihrer Manager.

Dabei haben die Manager nur wenig Freiheiten bei der Kriterienwahl für die Ziele, die sie vorgeben.

Diese Methode hat sich als erfolgreich und vor allem als äußerst schnell erwiesen. Tritt ein Fehler auf:

- kann der Leiter schnell den Bereich ausmachen, in dem das Problem vorliegt.
- hat dies direkte Konsequenzen für die Mitarbeiter aus den verschiedenen Abteilungen und wirkt sich somit auf ihr Verhalten aus. Solche Ereignisse formen die Unternehmenskultur und zwingen Mitarbeiter dazu, beispielhafte Ergebnisse zu liefern.

Trotzdem sind diesem Modell Grenzen gesetzt. So ist es beispielsweise für den Unternehmensleiter schwierig, jeden einzelnen Aspekt selbst zu managen, vor allem bei einer großen Produktpalette. Dies zeigt sich darin, dass nicht alle *Apple*-Produkte qualitativ gleichwertig waren: *Apple TV* der ersten Generation und *MobileMe* sind beispielsweise weniger erfolgreiche Produkte des Unternehmens.

Google

Die von *Google*, Vorreiter des „Management 2.0", angewandte MbO-Version unterscheidet sich stark von der zuvor betrachteten. Das Unternehmen war immer schon bekannt dafür, bevorzugt Berufsanfänger einzustellen. Die Unternehmensgründer und genialen Informatiker Larry Page und Sergey Brin (beide 1973 geboren) waren selbst Forscher, und so war über einen gewissen Zeitraum ein abgeschlossenes Promotionsstudium ein wichtiges Einstellungskriterium, wodurch eine ausgeprägte Selbstständigkeit der Mitarbeiter garantiert wurde. Forscher sind daran gewöhnt, selbstständig und gleichzeitig produktiv zu arbeiten. Die Unternehmensstruktur von *Google* ist also wesentlich dezentralisierter als bei den meisten anderen Unternehmen. Anstatt auf Hierarchieebenen basiert sie auf einer ausgeprägten Individualität. In bestimmten Aspekten ist dieses System sehr erfolgreich, da es *Google* ermöglicht hat, zahlreiche Dienste wie *Gmail* oder *Google Reader* zu entwickeln. Das Bedürfnis nach einer allgemeinen hierarchischen Struktur ist weniger ausgeprägt, da das System darauf basiert, dass sich jeder seine eigenen Ziele setzen kann.

Trotzdem gilt auch hier, dass jedes System seine Schwächen hat. Ein dezentralisiertes

Unternehmen ohne koordinierte Führung, das ständig in Bewegung ist – und so unternommene Anstrengungen auch im Nu wieder zunichtemachen kann – kann sich schnell zu einem kopflosen Ungeheuer verselbstständigen. Im Fall von *Google* werden die Schwächen vor allem in Folgendem deutlich:

- Beim Fortschritt einiger Projekte des Unternehmens: Bei manchen Diensten mangelte es beispielsweise an klar benannten Ansprechpersonen, sodass die Projekte letztendlich im Sand verliefen.
- Als beim Wachstum des Unternehmens die Unternehmensstruktur überarbeitet werden musste: *Google* stellt seitdem nicht mehr ausschließlich Kandidaten mit abgeschlossenem Promotionsstudium ein und auch die Management-Methoden und die Art der Zielsetzung haben sich geändert.

ZUSAMMENGEFASST

- Management by Objectives (MbO) bezeichnet einen Prozess, bei dem Vorgesetzte und ihre Mitarbeiter gemeinsam Ziele definieren und die Mittel und Zeiträume verhandeln, die zum Erreichen dieser Ziele notwendig sind.
- Die Vorgehensweise ist in den 1950er Jahren entstanden, als amerikanische Unternehmen Schwierigkeiten hatten, sich klar zu strukturieren.
- Referenzwerke: *Management by Objectives* von Peter F. Drucker, *Management by Objectives in Action*[1] von John William Humble und *Direction participative par objectifs* von Octave Gélinier.
- Vorteil: Wird das MbO korrekt angewandt, kann so die Leistung eines Unternehmens und die Zufriedenheit der Mitarbeiter gesteigert werden.
- Nachteil: Die Anwendung dieser Management-Form ist in einem instabilen Umfeld sehr

---

1. *Praxis des Management by Objectives*. Aus dem Englischen von Christa Bischoff-van den Ham. Verlag Moderne Industrie: München 1972.

schwierig. Außerdem kann sich das MbO nur schwer an Veränderungen in der Arbeitswelt anpassen.

- Erweiterungen: SMART-Methode, Management by Participation, Fair Management, Value Management, Kompetenzmanagement
- Empfehlungen: Anwendung der SMART-Methode: Das Ziel sollte spezifisch (*specific*), messbar (*measurable*), ehrgeizig (*ambitious*), realistisch (*realistic*) und terminiert (*time-bound*) sein.
- Das MbO eignet sich für Führungskräfte der Bereiche Personalwesen, Vertrieb, operatives Management, Projektmanagement und für interne sowie externe Berater/-innen etc.

Ihre Meinung ist uns wichtig!
Hinterlassen Sie doch einen Kommentar auf der
Seite unserer Online-Buchhandlung
und teilen Sie Ihre Favoriten in den sozialen
Netzwerken!

DARÜBER HINAUS

LITERATURVERZEICHNIS

- Alexandre-Bailly, Frédérique et al.: *Comportements humains et management*. 4. Aufl. Pearson: Montreuil 2013.

- Amaury: „Management d'entreprise: trois exemples que tout oppose". *De geek à directeur technique*. Blog zu Unternehmensthemen auf Französisch. (04.07.2012). http://www.geek-directeur-technique. com/2012/07/04/management-dentreprise-tro-is-exemples-que-tout-oppose (25.04.2018).

- Delavallée, Éric: „Management par les objectifs". *Manager par les Objectifs. Comprendre et dépasser le management par les objectifs*. Beiträge zu MbO-Themen (auf Französisch). http://www.manager-par-les-objectifs.fr/ (25.04.2018).

- Drucker, Peter F.: *Die Praxis des Management*. Econ-Verlag: 1956.

- Gélinier, Octave: „Direction Participative Par Objectifs". Éditions Hommes et techniques: Paris 1980.

- Guilbert, Pierre: *Le B.A.-Ba du management*. Reihe: „Le Management en pratique". De Boeck: Brüssel 2008.

- Humble, John William: *Praxis des Management by Objectives*. Aus dem Englischen von Christa Bischoff-van den Ham. Verlag Moderne Industrie: München 1972.

- Pericchi, Jacques: *Guide du Management*. Édition du Seuil: Paris 1992.

- Robbins, Stephen P.; Coulter, Mary; Fischer, Ingo: *Management. Grundlagen der Unternehmensführung*. 12., akt. Aufl. Pearson: Hallbergmoos 2014.

- Rodgers, Robert; Hunter, John E.: „Impact of management by objectives on organizational productivity". In: *Journal of Applied Psychology* 76(2 Apr. 1991).

- Stahl, Robert: *Management, formation et travail en équipe. Pratiques issues du coaching et de l'intelligence collective*. Reihe: „Le Management en pratique". De Boeck: Brüssel 2013.

WEITERFÜHRENDE LITERATUR

- Crisand, Ekkehard; Stroebe, Rainer W. (Hrsg.): *Führungsstile – Management by Objectives. Und andere Führungsmethoden (Arbeitshefte Führungspsychologie)*.

Verlag Recht und Wirtschaft: Frankfurt/Main 2010.

- de Saeger, Ariane: <u>Apple and the Digital Revolution. The Firm at the Cutting Edge of Technology</u>. Aus dem Französischen (ins Englische) von Rebecca Neil. Plurilingua Publishing: Brüssel 2017.

- Fastré, Guillaume: <u>Google: Making Information Accessible. The Search Engine that Changed the World</u>. Aus dem Französischen (ins Englische) von Rebecca Neil. Plurilingua Publishing: Brüssel 2017.

- Watzka, Klaus: *Ziele formulieren. Erfolgsvoraussetzungen wirksamer Zielvereinbarungen*. Springer Gabler: Wiesbaden 2016.

MEHR AUF 50MINUTEN.DE

- Steffens, Guillaume: *Die SMART-Methode. 5 Kriterien für gut definierte Ziele*. Aus dem Französischen von Mareike Lobeck. Plurilingua Publishing: Brüssel 2018.

50MINUTEN.de
Geschichte
Business
Für die Arbeitswelt
Non-Fiction kompakt
Gesundheit & Wellness
Kunst und Literatur
DAS PARETO-PRINZIP
Die 80/20-Regel
Gesamtaufwand
Ergebnisse
80%
80%
Wichtig
Unwichtig
DAS CANVAS-BUSINESSMODELL
DIE SWOT-ANALYSE
SCHMÖKERN SIE SICH SCHLAU!
www.50Minuten.de

www.50Minuten.de

ISBN digitale Ausgabe: 9782808009263

ISBN gedruckte Ausgabe: 9782808009478

Pflichtexemplar: D/2018/12603/232

Cover: © Plurilingua

Digitale Aufbereitung: Primento, der digitale Partner der Herausgeber